Für alle,
die sich nach Hilfe, Trost und Ermutigung sehnen,
die von ihrem Weg abgekommen sind
oder ihn noch nicht gefunden haben,
die sich einsam, ungeliebt oder unverstanden fühlen,
die Verluste erlitten und Leid erlebt haben,
die manchmal am Sinn des Lebens zweifeln,
die in der Liebe eine Enttäuschung erlebt haben,
denen die Last des Alltags zu schwer geworden ist,
die das Licht am Ende des Tunnels noch nicht sehen,
die Gefahr laufen zu resignieren, zu verbittern,
den Kontakt zu sich selbst zu verlieren,
die sich krank fühlen, verletzt und enttäuscht,
die matt und schwach, traurig und lustlos sind,
die sich Frieden, Harmonie und Schönheit wünschen,
denen die Hoffnung wie Sand durch die Finger rinnt,
die anderen oder sich selbst nicht vergeben können,
die sich von der Freude und vom Glück übergangen
und von allen guten Geistern verlassen fühlen –
all denen soll dieses Buch ein hilfreicher Freund sein,
auf den sie sich verlassen können.

H.K.

ISBN 978-3-649-61919-2

© 2014 Coppenrath Verlag GmbH & Co. KG,
Hafenweg 30, 48155 Münster, Germany
© 2014 an den Texten bei Hans Kruppa
Illustrationen: Anne Mußenbrock
Textsatz & grafische Gestaltung: Manuela Altrichter
Alle Rechte vorbehalten
Printed in Slovakia

www.coppenrath.de

Hans Kruppa

Das kleine Buch
der großen Hilfe

Heilende Worte
für die Seele

COPPENRATH

FÜR DICH

Du brauchst
dir keine Zuneigung
zu verdienen
durch das,
was du leistest.

Du hast
Zuneigung verdient
dadurch,
daß du bist.

ENTDECKE DICH

Folge deinen Impulsen,
solange sie dich inspirieren.

Verwirkliche deine Ideen,
solange sie dich begeistern.

Lebe deine Gefühle,
solange sie leben.

Entdecke dich,
solange du lebst.

JEDER NEUE TAG

Jeder neue Tag
ist eine neue Chance,
sich selbst zu begegnen,
bei sich zu bleiben
und mit sich zu gehen.

Jeder neue Tag
ist eine neue Chance,
sich zu finden,
in sich fündig zu werden,
aus sich heraus zu geben.

KLEINE MORGENGYMNASTIK

Ich stehe mit dem
richtigen Fuß auf,
öffne das
Fenster der Seele,
verbeuge mich vor allem,
was liebt,
wende mein Gesicht
der Sonne entgegen,
springe ein paarmal
über meinen Schatten
und lache mich gesund.

Zwei gute Freunde

„Welchen Sinn hat das Leben?" fragte ein Bildhauer seinen besten Freund, einen Komponisten.

„Den Sinn, den du ihm gibst", erwiderte der Komponist.

„Seit Wochen, nein, seit Monaten gebe ich ihm anscheinend keinen besonders guten mehr. Deshalb fühle ich mich wohl auch so leer, so matt und lustlos."

Der Komponist dachte über diese Worte nach und fragte sich, wann er seinen Freund zum letzten Mal glücklich gesehen hatte. Das war vor einigen Jahren gewesen, beim gemeinsamen Drachensteigenlassen.

Er legte ihm die Hand auf die Schulter und sagte: „Komm, wir fahren raus und lassen wieder mal unsere Drachen steigen! Glücklicherweise weht heute ein kräftiger Wind."

Der Bildhauer fühlte sich durch diesen Vorschlag angenehm berührt und mußte unwillkürlich lächeln.

„Siehst du", sagte der Komponist, „innerlich hast du schon damit angefangen, deinen Drachen steigen zu lassen." Und er ergänzte: „Viele Menschen, die eine schwere Krankheit überstanden haben, kommen zu der Einsicht, wie kostbar, wie schön und wertvoll das Leben ist. Du brauchst nicht krank zu werden, um diese Einsicht zu gewinnen."

„Stimmt", erwiderte der Bildhauer, „weil ich einen guten Freund habe, der mich immer rechtzeitig daran erinnert."

„Du hast zwei gute Freunde, die dich daran erinnern können", sagte der Komponist. „Mich – und dich selber!"

ERMUTIGUNG

Steh zu dir,
sooft du auch
gefallen bist.

Nimm dich wahr,
wie lange du dich
auch verleugnet hast.

Bleib dir treu,
sooft du dich auch
noch betrügen magst.

Geh mit dir,
und wenn du dich
tausendmal in die Irre führst.

Nick dir zu,
selbst wenn die ganze Welt
den Kopf über dich schüttelt.

Glaub an dich,
dann hast du einen Glauben,
der dir weiterhilft.

NOTWENDIGE FREUNDSCHAFTEN

Liebst du die Freiheit,
mußt du dich
mit der Einsamkeit anfreunden.

Liebst du die Einsamkeit,
mußt du dich
mit der Liebe anfreunden.

Liebst du die Liebe,
mußt du dich
mit der Vergänglichkeit anfreunden.

EIN GUTER VERLIERER SEIN

Ich will ein guter Verlierer sein,
weil ich weiß, daß in der Liebe
manchmal auch Wertvolles
zum Scheitern verurteilt ist.

Ich will das Pech
des Scheiterns akzeptieren,
ohne mir dadurch
die Fähigkeit rauben zu lassen,
das Glück des Gelingens zu genießen.

SEHEN UND ÜBERSEHEN

Um glücklich zu sein,
muß man das Gute
im Schlechten sehen
und das Schlechte
im Guten übersehen.

BETRACHTUNGSWEISEN

Zwei Männer, die an der Theke einer Kneipe saßen, konnten sich nicht darüber einigen, ob ihre Weingläser schon halb leer oder noch halb voll waren.

Also fragten sie den Wirt nach seiner Meinung.

„Es ist eine Frage der Betrachtungsweise", antwortete er.

„Aber meine Betrachtungsweise ist die bessere", behauptete der erste Mann. „Weil ich mein Glas als noch halb voll empfinde, habe ich mehr Freude daran, es auszutrinken."

„Dafür ist meine Traurigkeit nicht so groß wie deine, wenn es leer ist", hielt der zweite Mann ihm entgegen.

„Ich werde überhaupt nicht traurig sein, wenn es leer ist", erwiderte der erste, „weil ich viel Genuß beim Trinken hatte. Du hingegen bist schon traurig, bevor du überhaupt dein Glas leergetrunken hast."

GLAUB AN DICH

Laß dich nicht unterkriegen –
nicht alle Menschen sind so
wie die, die dich enttäuschten.

Laß dich nicht verbiegen –
es gibt Menschen,
die dich so brauchen, wie du bist.

Laß dich nicht besiegen –
von denen, die meinen,
sie hätten leichtes Spiel mit dir.

Bewahre den Glauben an dich –
und du wirst Menschen finden,
die ihn mit dir teilen.

Du kannst gewinnen

Dir selbst nicht zu trauen
ist wohl das Schlimmste,
das du dir antun kannst.

Glaube an das,
was du empfindest.
Höre auf deine innere Stimme
und tue, was sie dir sagt,
auch wenn es
alles andere als einfach scheint.

Kämpfe um dein Leben,
um deine Liebe,
kämpfe um dich.

Ich weiß,
du kannst gewinnen,
denn ich weiß,
wer du wirklich bist.

Das Wesentliche

Tanze nicht auf zu vielen Hochzeiten.
Jongliere nicht mit zu vielen Bällen.
Versuche nicht alles, was dir wichtig ist,
unter einen Hut zu bringen.
Wer zu viel auf einmal haben will,
steht am Ende mit leeren Händen da.

Konzentriere dich auf das Wesentliche,
und du wirst sehen:
Das Wesentliche konzentriert sich auf dich.

Kraft und Hilfe

Gib dich nicht auf,
es ist nie zu spät
für einen Neubeginn.
Es ist noch Zeit,
den Lebenskurs zu ändern.

Die Kraft kommt,
wenn sie gebraucht wird,
und oft auch die Hilfe,
wenn die Kraft nicht ausreicht.

Das Leben hat immer recht

Eine junge Frau sagte zu dem Meister: „Meine Freundin behauptet, das Leben sei sinnlos. Ich behaupte, es hat Sinn. Wer von uns beiden hat recht?"

„Keiner von euch. Das Leben hat immer recht. Nur ein Mensch, der sich mit ganzer Seele dem Leben hingibt, hat auch immer recht. Denn das Leben spricht durch seinen Mund."

„Wie geben wir uns denn dem Leben hin?"

„Indem wir ihm volles Vertrauen schenken. Auch wenn es Wege geht, die uns nicht gefallen. Auch wenn es Dinge mit uns anstellt, die wir gar nicht mögen. Das Leben hat immer recht. Und es ist weise, sich seinem Willen zu fügen und nicht dagegen anzugehen. Denn wer gegen das Leben kämpft, verliert nicht nur den Kampf, sondern auch den Zugang zu sich selbst."

„Kann ein Mensch denn den Zugang zu sich selbst verlieren?"

„Oh ja", sagte der Meister. „Sehr viele Menschen haben das gekonnt und wissen nun nicht mehr, wer sie sind. Und tun Dinge, die sie niemals tun würden, wenn sie den Kontakt zu sich selbst nicht verloren hätten. Also streitet euch nicht, du und deine Freundin, länger darüber, ob das Leben Sinn hat oder nicht. Es hat so viel oder so wenig Sinn, wie jeder Mensch ihm gibt oder nimmt. Je mehr wir uns dem Leben hingeben, desto sinnvoller, desto lebenswerter ist es."

FALL NICHT

Fall nicht
vom Rücken des Lebens,
wenn es vorwärtsschnellt.
Halt dich gut fest,
laß dich nicht abwerfen
im Galopp der Ereignisse,
halte das Gleichgewicht
und lerne,
die Bewegung zu genießen –

und wenn du fällst,
wenn du im Staub liegst
mit zerbrochener Philosophie
und Sand in den Augen,
und alle deine Rufe
ins Leere gehen,
denk daran:
Das ist der Moment,
in dem die Kunst des Reitens anfängt.

Spring wieder auf
und lerne zu lächeln
wie die tanzenden Artisten
auf ihren Pferden
unter der Zirkuskuppel.
Du bist dein eigenes Publikum,
dein eigenes Pfeifkonzert,
dein eigener Applaus.
Das Leben belohnt
deine Erfolge
mit Zugaben.

DIESE SEHNSUCHT

Das Schlimmste
ist diese Sehnsucht
nach dem Glück,
wenn man weiß,
wie weit man sich
von ihm entfernt hat.

Doch man täuscht sich.

Es ist immer
in Reichweite.

Manchmal berühre
ich es zufällig
und erschrecke
über meine Blindheit.

DANN SCHON

Gib deine Hoffnung auf,
sie paßt mit der Wirklichkeit
nicht unter einen Hut,
hat sich schon längst
als Illusion entpuppt,
als sinnloser Kreislauf.
Niemand bekommt all das,
wonach er sich sehnt –
aber was ist daran so schlimm?

Das Leben steckt
voller Vergeblichkeiten.
Entscheidend ist,
sie möglichst schnell zu erkennen
und sich von ihnen zu lösen.

Dann steckt das Leben
voller Möglichkeiten.

DAS LEBEN IST VOLLER GLÜCKSMOMENTE

Ein Mann kam zum Meister und fragte ihn: „Was ist der Sinn des Lebens?"

„Der Sinn des Lebens besteht darin, glücklich zu sein."

„Aber wie werde ich glücklich? An manchen Tagen bin ich traurig und deprimiert, und die Sonne des Glücks will nicht scheinen."

„Die Sonne des Glücks scheint immer", sagte der Meister. „Sie verbirgt sich nur öfter hinter den Wolken. Wenn du das einmal erkannt hast, kannst du sie auch hinter den Wolken sehen."

Der Mann dachte eine Weile nach. Dann stellte er fest: „Dazu gehört aber eine gewisse Phantasie."

Der Meister lachte. „Natürlich. Phantasie ist eine Voraussetzung des Glücks. Und die Fähigkeit, sich an den kleinen Dingen des Alltags zu erfreuen. Nichts für selbstverständlich zu halten. Und jeden Tag als eine Reise zu begreifen, auf der man Dinge entdecken kann, die Freude schenken."

Ohne daß es ihm bewußt war, begann der Besucher zu lächeln.

„Das Leben ist voller Glücksmomente", ergänzte der Meister. „Und die Sonne scheint immer. Wenn du das nie vergißt, dann vergißt dich das Glück auch nie!"

DAS GLÜCK IST KEINE BEUTE

Jäger des Glücks,
legt eure Waffen ab,
gebt euren Ehrgeiz auf,
vergeßt eure Pläne und Strategien –
das Glück ist keine Beute,
die ihr erlegen könnt,
es ist kein Sieg, kein Triumph,
sondern ein Geschenk.

Gebt eure Jagd auf
und geht nach Hause.
Kommt zu euch,
kommt bei euch an,
und vielleicht kommt dann
das Glück zu euch von dort,
wo ihr es am wenigsten vermutet –

von innen.

Seelenfest

Ich wünsche dir das,
wofür es keine Worte gibt,
was dich sprachlos macht
vor lauter Glück,
was die Gedanken
stillstehen läßt –

und der Augenblick
wird zum Seelenfest.

Morgenlied

Laß blauen Himmel
über uns leuchten,
laß unser Lebensgefühl steigen –
wie den Ballon dort überm See.

Wir sind zu gewichtig –
mit unseren Sandsäcken
voller Sorgen und Probleme,
unsere Ängste wiegen viel zu schwer,
halten uns fest am Boden.

Flöße uns Anmut ein,
laß uns die Schwerkraft
auf die leichte Schulter nehmen
und auf der Luft spazierengehen.

Jeder Tag ist gut

Ein weiser Mann wurde von einem Glückssucher gefragt:
„Wie fühlst du dich heute?“
„Gut“, sagte der Weise. „Ich fühle mich jeden Tag gut.“
„Aber nicht jeder Tag ist gut“, erwiderte der Besucher.
„Doch“, widersprach der Weise, „jeder Tag ist gut. Auch wenn er schlecht ist. Ich mache ihn gut.“
„Wie soll das gehen?“
„Indem ich dem schlechten Tag nicht erlaube, mir ein schlechtes Gefühl zu geben. Und immer wenn mir das gelingt, und es gelingt mir fast immer, spüre ich einen Triumph, eine Freude darüber, daß ich das in mir aufrecht erhalten habe, was immer da ist und was immer gut ist: die angeborene Heiterkeit meiner Seele. Wie schlecht der Tag auch sein mag.“
Der Suchende bedankte sich für diese hilfreichen Worte, in denen er eine Weisheit erahnte, die er sich zu eigen zu machen vornahm.

GEWISSENSFRAGE

Du lebst richtig,
wenn du auf die Frage,
wie du heute
leben würdest,
wenn du morgen
sterben müßtest,
antworten kannst:

So wie gestern.

Sich treu bleiben

Bleib dir immer treu,
vor allem den Menschen gegenüber,
die du liebst.
Die Liebe will nicht,
daß du dich verstellst,
sondern dich so zeigst,
wie du bist.
Was kann dir schon
eine Zuneigung geben,
die nicht dir gilt,
sondern der Rolle,
die du spielst?

Früher oder später
wird jedes Schauspiel durchschaut.

TAGESPROGRAMM

Heute will ich
aus dem Rahmen fallen
und weich landen,
dann zu der Musik
in meinem Kopf
schön aus der Reihe tanzen,
mich zum Ausruhen
zwischen die Stühle setzen,
danach ein bißchen
gegen den Strom schwimmen,
unter allem Geschwätz wegtauchen
und am Ufer der Phantasie
so lange den Sonnenschein genießen,
bis dem Ernst des Lebens
das Lachen vergangen ist.

KOPF HOCH!

Manchmal sieht man
das Licht
am Ende des Tunnels
nur deshalb nicht,
weil man
den Kopf hängen läßt.

DER OPTIMISMUS
UND DER PESSIMISMUS

Der Optimismus und der Pessimismus begegneten sich.
„Oh je", sagte der Pessimismus, „ich habe befürchtet,
daß ich dir eines Tages über den Weg laufen würde."
„Ich habe es gehofft", antwortete der Optimismus, „denn
ich brenne schon lange darauf, dir eine Frage zu stellen."
„Die da wäre?"
„Worin siehst du deinen Sinn?"
„In meinem Dienst am Menschen", antwortete der Pessimismus.
„Inwiefern dienst du ihm?"
„Ich bewahre ihn vor übereilten Entscheidungen und
gefährlichen Handlungen, die ihn ins Unglück stürzen
würden."
„Sie könnten ihn aber auch ins Glück führen", wandte
der Optimismus ein. „Manchmal führen nur schnelle
Entscheidungen und mutige Handlungen zum Glück."

„Das mag sein, aber ich gehe lieber auf Nummer Sicher."

„Die Nummer Sicher führt aber nicht ins Glück, allenfalls in die Zufriedenheit."

„Zufriedenheit ist auch eine Form von Glück."

„Nein", widersprach der Optimismus, „sie ist ein Ersatz für fehlendes Glück."

LEBE DAS LEBENSWERTE

Sei dir immer der Kostbarkeit
deiner Lebenszeit bewußt
und vertue sie nicht
mit leeren Gesprächen,
sinnlosen Anstrengungen
und fruchtlosen Beziehungen.

Lebe das Lebenswerte,
das dich inspiriert
und dir Glück schenkt.
Gehe dir auf den Grund,
erkenne dein wahres Wesen –
und lebe wesentlich.

JE MEHR GUTES WIR GEBEN

Nichts inspiriert uns
so sehr zur Liebe wie ein Liebender.
Nichts erweckt unser Mitgefühl so gut
wie ein mitfühlender Mensch.
Nichts macht uns so zärtlich
wie eine zärtliche Hand.

Je mehr Gutes wir geben,
desto mehr Gutes werden wir empfangen.
Je mehr Gutes wir empfangen,
desto mehr Gutes werden wir geben.

LEICHT GESAGT

Deine Ängste in Ehren,
aber dir bleibt
keine andere Wahl,
als sie zu verlieren,
wenn du
deine Träume
leben willst.

KEINE TRÄNEN

Ich werde keine Tränen vergießen
über unsere verpaßten Chancen.
Ich werde trauern,
aber mich nicht quälen.
Was ändert Verzweiflung
am Unabänderlichen?

Dem Scheitern
ein Lächeln der Gelassenheit zeigen –
das wäre einen Versuch wert!

VIELES BRAUCHT SEIN GEGENTEIL

Ein junges Mädchen fragte ihren Vater: „Warum gibt es die Traurigkeit?"

„Warum gibt es den Regen?" fragte er zurück.

Seine Tochter überlegte eine Weile und sagte: „Damit die Pflanzen und Bäume genug Wasser bekommen. Aber was hat das mit der Traurigkeit zu tun?"

„Die Traurigkeit gibt es, damit die Pflanzen und die Bäume der Heiterkeit genug Wasser bekommen", war die Erwiderung.

Das Mädchen dachte wieder eine Weile nach, aber die Antwort ihres Vaters blieb ihr rätselhaft. „Wieso können wir nicht immer heiter sein? Warum brauchen die Bäume und Pflanzen der Heiterkeit das Wasser der Traurigkeit?"

„Weil vieles auf der Welt nicht ohne sein Gegenteil leben kann: der Tag nicht ohne die Nacht, die Wärme nicht ohne die Kälte, das Schöne nicht ohne das Häßliche."

Ein drittes Mal dachte das Mädchen eine Weile nach, und diesmal verstand sie, was ihr Vater ihr sagen wollte.

WER IN SICH RUHT

Solange du dich bemühst,
andere zu beeindrucken,
bist du von dir selbst nicht überzeugt.
Solange du danach strebst,
besser als andere zu sein,
zweifelst du an deinem eigenen Wert.
Solange du versuchst,
dich größer zu machen,
indem du andere kleiner machst,
hegst du Zweifel an deiner Größe.

Wer in sich ruht,
braucht niemandem etwas zu beweisen.
Wer um seinen Wert weiß,
braucht keine Bestätigung.
Wer seine Größe kennt,
läßt den anderen ihre.

NIMM DIR ZEIT

Sammle dich, komm zur Ruhe.
Wie willst du zu dir finden,
wenn du von einer Tätigkeit
in die nächste flüchtest?

Tag für Tag an dir selbst vorbeizueilen,
kann nicht der Sinn deines Lebens sein.
Nimm dir die Zeit, die du brauchst,
um innerlich nicht zu verarmen –
Zeit für dich und für
inspirierende Begegnungen mit anderen.

Zeit ist nicht Geld –
sie ist viel wertvoller.

GLAUBEN

Wer den Glauben
an sich selbst bewahrt,
verliert auch nicht
den Glauben
an die Menschen.

KEIN HINDERNIS

Die Menschen,
die dir in deinem Leben
etwas Schlechtes angetan haben,
dürfen dich nicht daran hindern,
die Menschen zu erkennen,
die dir etwas Gutes geben können.
Sonst wirst du
zum Opfer deiner Enttäuschungen
und beraubst dich der Möglichkeit,
deine negativen Erlebnisse
durch positive auszugleichen.

DAS INNERE KIND

„Manchmal habe ich das Leben so satt!" klagte eine Frau ihrer besten Freundin. „Es besteht nur aus Wiederholungen! Den verdammten Wecker hören, aufstehen, duschen, anziehen, zur Arbeit gehen, nach Hause zurückkommen, Abendessen, Fernsehen – und wieder ins Bett gehen. Gut, nicht jeder Tag ist so, aber die allermeisten. Manchmal hab ich das Gefühl, daß ich gar nicht mehr ich selbst bin. Daß ich nur noch wie ein Roboter täglich aufs neue die gleichen Dinge tue, ohne zu spüren, daß ich wirklich lebe."

„Ich weiß, was du meinst", erwiderte ihre Freundin. „Es geht mir genauso. Ich habe noch vor kurzem darüber nachgedacht, was man machen kann, um sich gegen die Macht der ewigen Wiederholungen zu wehren."

„Und – hast du etwas herausgefunden?"

„Ja. Man muß versuchen, das, was man zum tausendsten Mal tut, so zu tun, als wäre es das erste Mal."

Ihre Freundin hob abwehrend die Hände. „Ja, man kann natürlich so tun. Aber letztlich betrügt man sich doch nur selbst, weil man insgeheim genau weiß, daß man es zum tausendsten Mal tut."

„Nein!" erntete sie Widerspruch. „Wenn man sich mit Haut und Haaren und mit offenen Sinnen in die Situation hineinbegibt, dann ist da etwas, das stärker ist als die Routine."

„Und was ist das?"

„Ich weiß nicht, wie ich es benennen soll", gestand die Freundin und zuckte mit den Schultern.

„Versuche es!"

„Das innere Kind! Ja, man muß sein inneres Kind ans Ruder lassen", erwiderte sie nach längerem Nachdenken. „Man muß den Augenblick mit den Augen des Kindes betrachten, das man einmal war, aber das man auch wieder sein kann, wenn man sich ganz und gar auf die Gegenwart einläßt. Es gelingt mir nicht immer. Aber wenn es mir gelingt, fühle ich mich glücklich."

OFFEN SEIN

Lebenskunst heißt,
aus schlechten Erfahrungen zu lernen
und doch in gewisser Weise
unberührt von ihnen zu bleiben –
und jeden Tag aufs neue so zu leben,
als sei die Vergangenheit nicht wichtiger
als die Träume der letzten Nacht.

Lebenskunst heißt,
sich von guten Gefühlen mitreißen zu lassen
und den schlechten zu trotzen
wie ein Fels in der Brandung –
und offen zu sein für alles Schöne,
das geschehen kann.

Ohne Offenheit geschieht gar nichts.

LERNPROZESS

Wir alle machen
und haben Fehler,
niemand ist vollkommen.

Es kommt darauf an,
aus seinen Fehlern zu lernen
und sie in Zukunft zu vermindern,
um weniger unvollkommen zu werden.

GIB GUT AUF DEINE TRÄUME ACHT

Gib gut
auf deine Träume acht,
ohne sie bist du
verraten und verkauft.
Gib ihnen nur das Beste,
lies ihnen jeden Wunsch
von den Augen ab –
und laß sie niemals warten.
Halt warme Kleidung
stets für sie bereit,
wenn sie spazieren wollen
in der Weltgeschichte,
in der es für sie,
selbst im Hochsommer,
oftmals schneit.

Gib gut
auf deine Träume acht,
sonst fliegen sie davon.
Und mit ihnen
deine Flügel.

Das Leichtere

Es ist leichter zu denken
als zu fühlen –
leichter, Fehler zu machen,
als das Richtige zu tun.

Es ist leichter zu kritisieren
als zu verstehen –
leichter, Angst zu haben
als Mut.

Es ist leichter zu schlafen
als zu leben –
leichter zu feilschen,
als einfach zu geben.

Es ist leichter zu bleiben,
was man geworden ist,
als zu werden,
was man im Grunde ist.

Was die meisten vergessen

Ein Philosophiestudent fragte seinen Professor: „Worin liegt der Sinn des menschlichen Lebens?"

„Worin liegt der Sinn des Lebens einer Blume?" fragte sein Professor zurück.

„Nun, sie keimt, sie wächst, sie blüht – und verwelkt."

„Darin besteht auch der Sinn unseres Lebens", sagte der Philosoph. „Im Keimen, im Wachsen, im Blühen und Verwelken. Doch die meisten Menschen vergessen das Blühen."

ZUSTÄNDIG

Ich bin zuständig
für meine Lebenszustände.
Ich bin verantwortlich
für meine Antworten
auf die Fragen des Lebens.

GRENZEN VERGESSEN

Türen öffnen,
Räume entdecken,
Grenzen vergessen.

Wir sind weit mehr,
als wir ahnen.

Innere Augen öffnen,
durch Mauern spazieren,
über Abgründe springen.

Alle Wege ins Freie
führen nach innen.

WAS ENTSCHEIDEND IST

Bist du freundlich,
hält man dich für schwach.
Bist du idealistisch,
hält man dich für weltfremd.
Bist du lieb,
hält man dich für naiv.
Bist du ehrlich,
hält man dich für dumm.

Entscheidend ist,
was du von dir hältst.

NEBENWIRKUNGEN

Wer sich zufrieden gibt
mit dem Unbefriedigenden,
der wird schließlich auch
das Unerträgliche ertragen
und das dringend Nötige
weder tun noch sagen.

EINE BRÜCKE BAUEN

Der Meister fragte einen Schüler, wie er den Tag verbracht hatte.

„So wie jeden anderen auch", war die Antwort.

„Das ist unmöglich", sagte der Meister. „Wie es keine zwei Menschen auf der Welt gibt, die sich in allem gleichen, gibt es keinen Tag, der einem anderen gleicht. Alles, was die Natur uns gibt, ist einzigartig."

Beschämt von diesen Worten senkte der Schüler den Kopf.

„Und wie wirst du den heutigen Tag verbringen?" fragte der Meister.

„Im Bewußtsein seiner Einmaligkeit und mit wachen Sinnen für seine versteckten Schönheiten und Überraschungen", war die Antwort des Schülers.

„Das hast du gut gesagt", erwiderte der Meister. „Nun mußt du es aber auch gut tun. Denn die Kluft zwischen dem Vorsatz und dem Satz über die Kluft ist oft recht groß. Man muß ein guter Springer sein, um den Abgrund zu überwinden. Oder sich eine Brücke bauen."

„Aus welchem Material baut man eine solche Brücke?" wollte der Schüler wissen.

„Aus Geistesgegenwärtigkeit und Geduld, aus Mut und Heiterkeit", war die Antwort des Meisters.

BLEIB GEDULDIG

Verliere nicht deinen Mut
und deine Hoffnung,
wenn du eine
seelische Durststrecke
überstehen mußt.

Bleib geduldig,
anstatt wertvolle Kraft
an Zweifel zu verschwenden,
die deinen Schritt schwer
und deinen Blick unsicher machen.

GUTES UND BESSERES

Manchmal muß man,
so schwer es auch fällt,
das Gute aufgeben,
um das Bessere
nicht zu verlieren.

NUR SO

Blicke nicht sehnsuchtsvoll
in die Vergangenheit zurück,
wenn die Gegenwart dich bedrückt.
Die Vergangenheit ist tot,
und nichts kann sie wiederbeleben.

Stelle dich der Gegenwart
und blicke in die Zukunft –
nur so ist Leben möglich.

WOHIN DU AUCH GEHST

Greife nicht nach dem Flüchtigen,
halte nicht fest am Fließenden,
taste nicht nach dem Unberührbaren,
verlasse dich nicht auf das Unwägbare,
erzwinge nicht das Unbeugsame,
verlange nicht das Unerreichbare.

Finde Sicherheit im Ungewissen,
entdecke Schönheit in der Vergänglichkeit,
erkenne die Wahrheit in diesem Augenblick,
erlebe Befreiung durch Gelassenheit,
mach dir die Heiterkeit zum Freund –

und Weisheit wird dich begleiten,
wohin du auch gehst.

BANNSPRUCH

Den Dämon der Vergänglichkeit
bannt man mit seelischer Heiterkeit,
mit Zuversicht und Lebensoffenheit.
Schwermut und Trübsal
verschlimmern nur die Traurigkeit
über unwiederbringlich Verlorenes.

Wir gewinnen, um zu verlieren.
Aber wir verlieren auch,
um wieder zu gewinnen.

DER STERBENDE

Ein Mann, der im Sterben lag, dachte an sein langes und doch so kurzes Leben zurück.

Er bedauerte alles, was gescheitert war, und empfand Dankbarkeit für alles, was gelungen war. Er erkannte, daß sein Leben eine Mischung aus Gelingen und Scheitern gewesen war, aus Glück und Unglück, Fülle und Mangel.

Sicher, es hätte besser sein können, aber er wollte nicht mit unzufriedenen Gedanken sterben. Also sagte er sich, sein Leben sei so gut gewesen, wie er es – aus welchen Gründen auch immer – verdient hatte.

Dieser Gedanke verlieh ihm die Kraft, dem Tod mit Gelassenheit gegenüberzutreten.

Zuruf

Komm, laß dich los.
Laß dich in den Schoß
des Lebens fallen –
und das Leben fällt
dir in deinen.

GLÜCKWUNSCH

Du hast erst dann die Chance,
glücklich zu sein,
wenn du glücklich sein willst.
Solange du in deine Probleme,
deine Unzufriedenheit
und Enttäuschungen verliebt bist,
wird das Glück dich meiden.

LEERE LEHREN

Man lehrt uns zu denken,
aber nicht zu fühlen.
Man lehrt uns zu rechnen,
aber nicht zu schenken.
Man lehrt uns zu kämpfen,
aber nicht zu spielen.
Man lehrt uns zu reden,
aber nicht zu schweigen.

Man leert uns,
wenn wir uns nicht lehren,
uns nicht leeren zu lassen.

TRÄUME

Träume öffnen Räume
in die Freiheit
langersehnter Gefühle.
Sie lenken unsere Schritte
auf den Weg zu
immer höheren Spielarten
der Freude am Leben.
Sie sind der
Glückskompaß des Herzens
bei der Wanderschaft
durch das Chaos der Welt.

Selbstbetrug

Wenn du zu lange zögerst,
ins warme Wasser zu springen,
wird es kalt in der kühlen Luft
deiner Skepsis und Bedenken.

Und deine Ängste finden schließlich
ihre Bestätigung durch sich selbst.

SELTSAM

Ein Weisheitslehrer wurde von einem Besucher ohne Umschweife gefragt: „Wie hast du Weishcit gefunden?"
Der Mann lächelte und sagte: „In dem Augenblick, als ich aufhörte, sie zu suchen."
„Kannst du das näher erläutern?" fragte der Besucher.
„Ich erkannte", erklärte der Weise, „mit einem Schlag, daß gerade mein Wille, Weisheit zu erlangen, mich daran hinderte, sie zu gewinnen. Also gab ich den Willen auf, sie zu erlangen. Und in diesem Augenblick erlangte ich sie."
„Seltsam", sagte der Besucher.
„Ja", stimmte der Weise ihm zu.
„Hast du keine Angst, die Weisheit wieder zu verlieren?" fragte der Besucher.
„Aber nein", war die Antwort. „Denn ich habe nicht nur den Willen aufgegeben, sie zu gewinnen – auch den Willen, sie nicht zu verlieren."

BESCHRÄNKE DICH NICHT

Gib dich nicht
mit dem zufrieden,
was dich nicht befriedigt.

Finde dich nicht
mit dem ab,
was du nicht gesucht hast.

Beschränke dich nicht
auf das,
was dich beschränkt.

Gewöhne dich nicht
an das,
was dich gewöhnlich macht.

Unhaltbar

Kein Glück ist von Dauer,
aber auch kein Unglück –
die Vergänglichkeit ist
eine zuverlässige Kraft.
Doch das ist kein
Grund zur Resignation,
sondern ein zusätzlicher Reiz,
das Glück in vollen Zügen
zu genießen,
gerade weil es sich
nicht halten läßt.

DIE KUNST
DES VERGESSENS

Vergiß die guten
und die schlechten Träume
der letzten Nacht.
Vergiß den letzten Tag,
wie schön oder mißlungen
er auch war.
Vergiß die letzte Woche,
den letzten Monat,
das letzte Jahr –
es ist alles vorbei!

Und fang
den neuen Morgen an
wie ein Kind,
für das nur zählt,
was hier und jetzt geschieht.

Mach dein Bewußtsein
nicht zu einem Museum
von Erinnerungen;
laß es sein
wie eine Tafel –
und benutze
oft den Schwamm.

Übe dich in der
Kunst des Vergessens –
doch vergiß eins nicht:
Dein Leben lebt nur
gegenwärtig.

KEINE WORTE

Ein junger Mann fragte den Meister: „Wie kann ich die höchste Erkenntnis finden, die meinen Geist gelassen, mein Herz froh und meine Seele glücklich macht?"

„Indem du sie nicht suchst", sagte der Weise. „Und indem du verlernst."

Der Schüler runzelte die Stirn. „Ich dachte, ich komme zu dir, um etwas zu lernen. Nicht, um etwas zu verlernen."

„Oft steht das Verlernen vor dem eigentlichen Lernen", erwiderte der Meister. „Würdest du versuchen, ein Haus auf dem Wasser zu bauen?"

„Natürlich nicht", sagte der Mann.

„So manches, was du in deinem Leben gelernt hast, ist wie das Wasser, auf dem du nicht das Haus der Glückseligkeit bauen würdest. Du mußt innerlich wieder wie ein Kind werden, das die Welt und das Leben völlig neu entdeckt. Wirf deine Denkgewohnheiten von dir ab. Befreie dich von allem, was du zu wissen glaubst. Mache dich zu einem unbeschriebenen Blatt. Dann komm wieder zu mir zurück. Und ich werde dir helfen."

„Welche Worte wirst du dann auf dieses unbeschriebene Blatt schreiben?" fragte der Mann.

„Keine", sagte der Meister. „Aber ich werde dir einen Stift schenken."

WENN WORTE
ÜBERFLÜSSIG WERDEN

Wenn Worte überflüssig werden,
weil der Augenblick
bis an den Rand
mit Sinn gefüllt ist,

beginnt das Leben
unwiderstehlich
von sich zu erzählen
und führt uns
mitten hinein in
faszinierende Geschichten –

wenn wir nur lauschen.

Was ich dir wünsche

Die Wahrheit kann dich
genauso gut
zur Entschlossenheit führen
wie der Irrtum.
Die Angst kann dich
genauso gut
zu einer Entscheidung führen
wie der Mut.
Das Vertrauen kann dich
genauso gut
zu einer Erfahrung führen
wie die Skepsis.

Ich wünsche dir die Weisheit,
zwischen den guten
und den schlechten Führern
unterscheiden zu können.

VERSCHIEDENE WEGE

Du sagst,
ich habe dich erschüttert –
so sehr, daß du befürchtest,
von deinem Weg abzukommen.

Auch du hast mich bewegt,
doch ich teile deine Angst nicht.
Wenn ich durch dich
von meinem Weg abkomme,
ist es mein Weg,
von meinem Weg abzukommen.

Das Wunder der Liebe

Es kommt darauf an,
seinem Schicksal zu vertrauen
und an das Wunder der Liebe zu glauben,
das Träumen nicht zu verlernen,
die Hoffnung nicht zu verlieren
und die Sehnsucht
nicht der Erfahrung zu opfern.

Denn wer seine Sehnsucht aufgibt,
schränkt seine seelische Sehkraft ein
und wird unfähig,
das Glück zu erkennen,
wenn es ihm begegnet.

Weisheit ist nicht lehrbar

Zu einem Weisen kam ein reicher Mann, der fast alles in seinem Leben erreicht hatte, was man sich wünschen kann.

„Doch etwas fehlt mir", gestand er. „Weisheit. Ich wäre auch bereit, gut dafür zu zahlen."

Der Weise schmunzelte. „Behalte dein Geld, denn Weisheit ist nicht käuflich."

„Würdest du sie mir denn schenken?" fragte der Reiche.

„Ja, das würde ich gern, aber Weisheit ist auch nicht verschenkbar."

Der Besucher wirkte enttäuscht. „Dann kannst du sie mich vielleicht lehren?"

„Weisheit ist auch nicht lehrbar", sagte der Weise. „Sie ist nur erlernbar. Du mußt sie schon selbst gewinnen."

„Und wie?"

„Den ersten Schritt bist du ja schon gegangen. Du sehnst dich nach ihr. Laß diese Sehnsucht deine Führerin und dein Kompaß sein. Und dann begib dich auf den Weg ins Land deiner Seele. Dort wirst du, wenn du unbeirrt suchst, Weisheit finden!"

„Tiefe Weisheit?"

„Weisheit", war die Antwort, „die natürlich nur so tief sein kann, wie deine Seele es ist."

DER FREIE HIMMEL

Alles wieder
zu sich finden lassen,
was sich verloren hat.

Alles wieder
zu sich kommen lassen,
was von sich gegangen ist.

Alles wieder sehen,
was schon zu lange
im Alltagsnebel verborgen liegt.

Den freien Blick
in den Himmel
der Gefühle zurückgewinnen,
den der Verstand
lange genug überdacht hat.

GLAUBE AN DICH

Vertraue dir selbst,
glaube an dich,
und du wirst
die Lebenskraft ausstrahlen,
die anderen Menschen hilft,
dir zu vertrauen,
an dich zu glauben.

Deine Möglichkeiten

Lote zuversichtlich,
gelassen und beharrlich
deine Möglichkeiten aus.

Viele Menschen trauen sich
zu wenig zu und resignieren,
anstatt unbeirrt nach den
geheimen Kraftquellen zu suchen,
die in jeder Seele verborgen sind.

REICHTUM

Wirklich reich ist,
wer mehr Träume
in seiner Seele hat,
als die Realität
zerstören kann.

SEINE KRÄFTE NICHT VERGEUDEN

„Die Menschen, die ich kenne, sind so unterschiedlich", sagte ein Besucher zum Meister. „Manche wirken gleichgültig, andere sind ängstlich. Manche sind so ernst, als hätten sie das Lachen verlernt, andere wirken so bedrückt, als würden sie das Gewicht der ganzen Welt auf ihren Schultern tragen. Manche erscheinen mir so hilflos, so mutlos, andere bringen mich mit ihren Lügen zur Verzweiflung. Wie kann ich ihnen allen nur gerecht werden?"

„Sei freundlich zu den Gleichgültigen, und du wirst sehen, daß deine Freundlichkeit sie ansteckt", riet ihm der Meister. „Sei herzlich zu den Ängstlichen, und du wirst merken, daß deine Herzlichkeit ihnen Mut macht. Gehe fröhlich mit den allzu Ernsten um, und du wirst feststellen, daß deine Fröhlichkeit sie aufheitert. Schenke den Bedrückten Zuversicht, und du wirst spüren, daß ihr Gemüt sich aufhellt. Hilf den Hilflosen, ermutige die Mutlosen und versuche, die Lügner zu verstehen, bevor du sie verurteilst."

Der Besucher nickte. „Ich will mein Bestes geben, aber ich frage mich, ob meine Kräfte ausreichen werden."

„Sie werden ausreichen, wenn du sie nicht vergeudest. Gib den Menschen nicht mehr, als sie verdienen. Sei geduldig, aber nicht zu denen, die deine Geduld nur ausnutzen. Sei großzügig, aber nicht zu denen, die deine Großzügigkeit mit Geiz erwidern. Offenbare deine Gefühle, aber nicht jenen, die bloß mit ihnen spielen. Gieße das Wasser deines Lebens nicht in Fässer ohne Boden. Gieße es auf die Erde, in der die Blumen des Herzens wachsen."

IN DER TIEFE

Was nicht genossen wird,
verdirbt traurig.
Was nicht gelebt wird,
verblaßt unerkannt.
Was nicht gefühlt wird,
geht stumm verloren.
Was nicht wahrgenommen wird,
bleibt unverwirklicht.

Das Kostbarste
liegt geheimnisvoll
in der Tiefe des Augenblicks.

LEBE DEN GUTEN AUGENBLICK

Lebe den guten Augenblick,
genieße das schöne Gefühl,
vertage das Lebenswerte nie auf morgen.
Morgen kommt zu spät.

Das wahre Leben ereignet sich
immer in der Gegenwart.
Nur in der Tiefe des Augenblicks
findest du den Sinn des Lebens.

GLAUBENSTREUE

Ein schöner Traum zerbrach –
obwohl du dein Bestes gabst,
um ihn zu verwirklichen.

Doch laß die Traurigkeit darüber
dich nicht dazu verführen,
den Glauben an die Erfüllbarkeit
deiner Träume zu verlieren.

TRAUE DEINEN TRÄUMEN

Solange deine Sehnsucht lebt,
solange deine Träume glänzen,
solange deine Wünsche leuchten,
lebst du, glänzt du, leuchtest du.

Folge deiner Sehnsucht,
traue deinen Träumen –
und deine Wünsche
nähern sich ihrer Erfüllung.

BESTECHUNGSAFFÄRE

Ich weiß,
was ich will.
Ich weiß nur nicht,
ob das Leben
es mir auch gibt –
es hat so viele
Wünsche zu erfüllen.

Ich werde es bestechen:
mit meiner wachsenden
Liebe zu ihm.

In den Tiefen des Augenblicks

Ein Suchender fragte den Meister: „Wo finde ich das wahre Leben?"

„In den Tiefen des Augenblicks", war die Antwort. „Jeder Augenblick, selbst der düsterste, hat eine Geheimtür, die ans Licht führt. Du findest sie nur, wenn du an sie glaubst. Du öffnest sie nur, wenn du an dich glaubst. Du gehst nur durch sie hindurch, wenn du an das Leben glaubst. Umarme die Gegenwart! Geh ins Herz des Augenblicks! Und das Morgen wird zum Heute, das Irgendwo und Irgendwann zum Hier und Jetzt, das Wissen zur Weisheit."

Eine Frage des Preises

Wir halten gern
an dem Gewohnten fest,
denn es gibt uns
ein Gefühl von Sicherheit.
Manchmal kostet es uns viel,
einfach loszulassen
und einen Neubeginn zu wagen.
Doch nichts käme uns
teurer zu stehen,
als in unserer Entwicklung
stehenzubleiben.

ERFAHRUNGSWERT

Im Grunde sind es nicht
so sehr unsere Erfahrungen,
die uns zu dem machen,
was wir sind,
sondern das,
was wir aus ihnen machen.

MENSCHEN

Menschen können
so enttäuschend sein,
so verletzend,
so verständnislos.

Menschen können
so beglückend sein,
so einfühlsam,
so warmherzig.

Menschen können
in jeder Hinsicht
so überraschend sein,
daß man von ihnen
eigentlich immer
Unerwartetes erwarten muß.

Vertraue dir

Wer daran zweifelt,
ein Ziel zu erreichen,
das er sich gesetzt hat,
stellt sich selbst
Hindernisse in den Weg.

Skepsis und Zweifel machen
jeden Weg lang und schwer.
Vertrauen in die eigene Kraft
kann Flügel verleihen.

DIE REISE IST DAS ZIEL

Eine Frau besuchte einen Weisen und stellte ihm die Frage: „Ist es wichtig, sich ein Ziel in seinem Leben zu setzen und es geradlinig zu verfolgen, oder ist die Reise das eigentliche Ziel?"

Der Weise lächelte. „Welchen Sinn hat es, mit starr nach vorn gerichtetem Blick durch die Landschaften des Lebens zu gehen, immer ein Ziel vor Augen, das es auf kürzestem Weg zu erreichen gilt, und dabei Blumen zu zertreten, ohne es zu merken? Wenn du das Leben wirklich erkennen willst, schaue immer wieder nach links und rechts, nach oben und nach unten. Bleibe auch öfter stehen, um einen schönen Augenblick oder Anblick mit allen Sinnen zu genießen. Laß dich von deinen Eingebungen und Stimmungen führen und achte nicht auf die Geradlinigkeit deiner Schritte. Versuche einfach, deinen Weg dem Fluß des Lebens anzupassen. Solange du dir selbst nahe bleibst, wirst du dich nicht verirren. Verliere nie die Verbindung zu deinem inneren Licht, das den dunkelsten Stunden ihren Schrecken nimmt."

SONNE UND REGEN

Vieles im Leben
ist nicht entweder – oder,
sondern entweder und oder.
Vieles ist so widersprüchlich,
daß man widersprechen möchte.
Besser ist es zu akzeptieren,
daß, wo Sonne ist,
auch Regen sein muß.

Wie sollte man sonst
einen Regenbogen sehen können?

Das Leben bleibt

Haare werden grau –
das Leben bleibt bunt.
Augen werden müde –
das Leben bleibt wach.
Gesichter werden alt –
das Leben bleibt jung.
Der Körper vergeht –
das Leben überlebt.

SEHNSUCHT

Sehnsucht ist
immer ein Zeichen
von Unzufriedenheit
mit dem Erreichten –
der sehnliche Wunsch
nach einem besseren,
glücklicheren Leben.

Sehnsucht ist die Kraft,
die uns hoffen
und träumen läßt –
und uns den Mut gibt,
das Unmögliche zu versuchen,
um das Mögliche zu finden.

LEBE HOCH!

Sei nicht enttäuscht –
lerne!
Beklage dich nicht –
verstehe!
Bemitleide dich nicht –
akzeptiere!
Resigniere nicht –
hoffe!
Wiederhole dich nicht –
lebe!

Besser noch –
lebe hoch!

Mehr ist es nicht

„Warum bist du immer so heiter?" fragte ein Besucher den Meister, der die Siebzig schon überschritten hatte. „Eigentlich müßtest du traurig darüber sein, daß du nicht mehr so jung bist. Daß du den besten Teil deines Lebens schon hinter dir hast."

Der Meister lächelte. „Der beste Teil meines Lebens ist immer der, in dem ich mich gerade befinde."

„Viele wissen das und sind trotzdem betrübt", erwiderte der Besucher. „Was ist das Geheimnis deines Glücks?"

„Daß ich keinen guten Augenblick vor der Tür stehen, sondern in meine Seele eintreten lasse. Meine Tür steht dem Leben immer offen. Wahrscheinlich ist es das, was mich in deinen Augen als glücklich erscheinen läßt."

„Mehr ist es nicht, als einfach den guten Augenblick zu empfangen?"

„Mehr ist es nicht."

„Das klingt so einfach", stellte der Besucher fest.

„Ist es aber nicht", erklärte der Meister. „Denn die Gedanken sind flatterhaft, schwirren ständig in der Vergangenheit oder Zukunft herum. Und schon schließt sich die Tür zum Augenblick, weil man unwillkürlich seinen Gedanken folgt. Ich habe gelernt, sie flattern zu lassen, ohne ihnen hinterher zu schauen. Das ist alles."

Unsere Träume

Unsere Träume können
sich nur dann erfüllen,
wenn wir unbeirrbar
an ihre Erfüllbarkeit glauben –
denn gerade unser Glaube
gibt ihnen die Kraft,
schließlich wahr zu werden.

LIEBESERKLÄRUNG

Ich atme
den Augenblick ein –
seinen Duft,
seine Frische,
seine Einmaligkeit.

Ich schmecke seine Heiterkeit,
genieße seinen Zauber,
fließe mit seiner Musik.

Ich liebe den Augenblick.
Und er spürt es.
Vielleicht liebt er
deshalb auch mich.

Das Beste findet dich

Es ist gut,
wenn du weißt,
was du willst.
Und es ist richtig,
wenn du versuchst,
deine Träume zu verwirklichen.

Doch werde nie
zum Sklaven deiner Wünsche
und erkenne rechtzeitig,
wenn du dir vergebliche Mühe gibst.
Das Beste kommt oft
gerade dann zu dir,
wenn du es nicht suchst.

Es findet dich,
wenn du dich gefunden hast.

VIELLEICHT EIN LÄCHELN

Wie oft habe ich mich
schon nach dem Glück gesehnt –
und wie oft hat es
meine Sehnsucht ignoriert.

Das Glück wird erst kommen,
wenn es sich nach mir sehnt.

Ich muß ihm etwas bieten –
vielleicht ein Lächeln
der Vorfreude auf sein Kommen.

Es fühlt sich
zu Optimisten hingezogen.

OPTIMISMUS

Nichts Großes
oder Außergewöhnliches
kann entstehen
ohne Optimismus.

Optimismus läßt
Dinge entstehen,
die seine Richtigkeit
im nachhinein bestätigen.

GERADE DESHALB

Zwei nebeneinander stehende, fast abgebrannte Kerzenstummel kamen ins Gespräch.

„Es geht zu Ende mit uns", sagte der eine zum anderen. „Vielleicht haben wir noch zwanzig Minuten, vielleicht auch nur noch zehn. Hast du auch Angst vor dem Erlöschen?"

„Nein. Warum sollte ich Angst vor dem Unvermeidlichen haben? Es würde alles nur schlimmer machen."

„Du gibst also zu, daß es schlimm ist!"

„Ja, schon. Aber ich will mein Dasein noch genießen, solange es möglich ist. Die Angst vor dem Ende würde mir den Genuß verderben."

„Wie kannst du etwas genießen, das jeden Moment vergehen kann?"

„Gerade deshalb genieße ich es um so mehr."

UNENTSCHLOSSENHEIT

Laß dich nicht lähmen
von der Unentschlossenheit.
Erschließe dir einen Weg
und gehe ihn unbeirrt.

Wer zu lange zögert,
versäumt das Entscheidende
und erreicht den
gedeckten Tisch erst,
wenn er abgeräumt ist.

BESSER SO

Es ist besser,
wenn die Liebe uns umarmt
und in Traurigkeit zurückläßt,
als wenn sie
an uns vorbeigegangen wäre,
ohne uns zu berühren.

GEH MIT DEM LEBEN

Sei selbstbewußt,
dir deiner selbst bewußt.
Laß dich nicht beirren,
bleib bei deiner Wahrheit.
Auch wenn du viel verlierst –
verliere dich nie.

Sei wachsam,
aber verschließe dich nicht.
Sei großzügig,
aber vergeude dich nicht.
Geh mit dem Leben –
aber bleib dir treu.

Neujahrswünsche

Ich wünsche dir
ein richtig gutes neues Jahr
und einen eleganten Rutsch
in letztselbiges hinein.
Möge sich alles in deinem Leben
zum Besten wenden und du –
als aktiver Teil deines Schicksals –
mit weisen Entscheidungen und Beschlüssen
so unwiderstehlich auftrumpfen,
daß den Mächten des Unguten
das Hören und Sehen vergeht.

DAS SPIEL DER FLAMMEN

Zwei Pensionäre, die schon ihr Leben lang befreundet waren, saßen bei einem Glas Wein gemütlich am Kaminfeuer.

„Alles geht den Bach runter", sagte der eine mit betrübter Miene.

„Wie meinst du das?"

„Nicht nur der Körper läßt nach, auch die Gefühle werden schwächer. So wie ich zu körperlichen Anstrengungen, die ich als junger Mann leicht gemeistert habe, heute nicht mehr fähig bin, ist auch meine emotionale Kraft geschwunden. Große Gefühle sind etwas für junge Menschen, nicht mehr für uns alte."

„Was den Körper betrifft, stimme ich dir zu", erwiderte sein Freund. „Aber die Kraft des Herzens läßt nicht nach im Alter. Man kann als alter Mensch ebenso intensiv lieben wie als junger."

„Ach, du machst dir doch nur etwas vor, anstatt dem Kräfteschwund auf allen Ebenen ins Gesicht zu schauen", hielt ihm der andere entgegen. „Aber manchmal ist es ja auch hilfreich, sich ein bißchen selbst zu belügen."

„Ich mache mir nichts vor", stellte sein Freund fest. „Ich habe nur einen Trick, der sehr gut funktioniert."

„Magst du ihn mir verraten?"

„Gern", sagte der andere und lachte. „Ich verliebe mich jeden Tag aufs neue."

„Ach komm! Das glaubst du doch selber nicht."

„Ins Leben", präzisierte der Freund. „Jeden Morgen, wenn ich aufstehe, sage ich mir: Dieser Tag ist einzigartig! Einen Tag wie heute habe ich noch nie erlebt! Er ist neu und frisch. Er könnte wunderschön sein. Und er wird um so schöner sein, je offener ich auf ihn zugehe und je zärtlicher ich mit ihm umgehe."

Ein langes Schweigen entstand, in dem nur das Knistern des Feuers im Kamin zu hören war. Wie gebannt blickten die beiden alten Freunde in das Spiel der Flammen, das immer neue Formen annahm, das sich in keiner einzigen Regung wiederholte und mit immer neuen Bewegungen tanzte.

WER FLIEGEN WILL

Das Wohlsein
liegt unter der Schicht
des Unbehagens –
wie das Erwachen
unter der Lage
tiefster Müdigkeit.

Der Weg ins Sonnenlicht
führt durch den Wolkenbruch.

Wer fliegen will,
muß tauchen lernen.

ZUVERSICHT

Laß die Hoffnung
siegen über die Angst.
Laß das Vertrauen
siegen über die Ungewißheit.

Und deine Liebe wird
siegen über deine Zweifel.

Der Autor

Hans Kruppa ist einer der meistgelesenen deutschen Dichter. Er lebt als freier Schriftsteller in Bremen. Seine Gedichte und Märchen, Erzählungen und Romane, Aphorismen und Kurzgeschichten hat er in mehr als hundert Büchern mit einer Gesamtauflage von über zwei Millionen veröffentlicht. Einige seiner Bücher wurden in andere Sprachen übersetzt. Für sein schriftstellerisches Werk wurde Hans Kruppa mit dem New Yorker Otto-Mainzer-Preis ausgezeichnet.

„Er vermittelt durch seine Arbeiten Hoffnung, Lebensbewältigung, Kraft. Und das macht ihn so wichtig. Was er zu sagen hat, regt zu tiefem und positiv endendem Nachdenken an" (Passauer Neue Presse)

„Kaum ein deutscher Autor ist so vielseitig und erfolgreich wie Hans Kruppa. Ob er Liebeslyrik verfasst, Märchen erzählt oder Romane schreibt, jedesmal fließt viel Herzblut in seine Arbeit mit ein." (Visionen)

„Wer Hans Kruppa zuhört, dem können sich selbst die tristesten Stunden in eine gute Zeit verwandeln." (Deutsche Tagespost, Würzburg)

„Der Lyriker probiert auch ‚Schönwetterworte', und mit ihnen stellt sich Phantasie ein, Leichtigkeit." (Die Zeit)

„Der Leser begleitet Hans Kruppa gern im Höhenflug oder auch Tiefgang der Stimmungen und Gefühle. Bisweilen entdeckt er dabei sich selbst." (Braunschweiger Zeitung)

Mehr Informationen: www.hans-kruppa.de

INHALT

Inhalt